Johann Oswald Harms

Opera-Ballet von dem Judicio Paridis und der Helenae Raub

Johann Oswald Harms

Opera-Ballet von dem Judicio Paridis und der Helenae Raub

ISBN/EAN: 9783743479906

Hergestellt in Europa, USA, Kanada, Australien, Japan

Cover: Foto ©ninafisch / pixelio.de

Manufactured and distributed by brebook publishing software (www.brebook.com)

Johann Oswald Harms

Opera-Ballet von dem Judicio Paridis und der Helenae Raub

OPERA-BALLET
Von dem
JUDICIO PARIDIS,
Und der
HELENÆ Raub /

So auf dem Churfürstlichen Sächßischen
Haupt- THEATRO
Bey dem angestellten

Friedens-Feste /

Nebenst denen vorgegangenen Ballete von
Wirckung der sieben Planeten / Ring-und Ovintan-
Rennen / wie auch Büchsen-Schiessen / Feuerwercke des
Herculis, und Fuß-Thurniere /
gehalten

Am $\frac{7}{17}$ Tage deß Winter-Monats Anno 1679.

DRESDEN /
Gedruckt bey der Cuhrfl. Sächß. verwittibten Hof-
Buchdruckerin.

Die Erste ACTION.

So bald das Theatrum sich eröffnet / höret man eine Symphonia von allerhand Instrumenten/ Trompeten/ und Paucken / auf welchem der Königliche Saal Jupiters in Gestalt einer hell leuchtenden Glorie præsentiret wird/ worinnen man die Götter in einem erhabenen schönen Saale an der Tafel sitzen/ ihre Aufwärter zur Seiten stehen/ und die Eris in einer kleinen Wolcke seitwerts kommen siehet.

Jupiter, Juno, Mars, Venus, Pallas, Mercurius, Bacchus, Neptunus, Eris. Saturnus. Apollo. Vulcanus. Diana. Ceres.

Neptunus. Jer groser Jupiter/
Den Himmel und die Welt/
Vor einen Vater hält/
Bring ich itzt bey dem
Götter-Mahl
Hier diesen Göldenen-Pocal.

Aria.	Auff Gesundheit aller Sachßen Daß sie als die Erden Götter mögen sehn die Rauten-Blätter Allezeit in Friede wachßen.
Bacchus.	Was unterstehstu dich Neptun? Der Trunck gehört vor mich/ Das Wasser ist für dich Ich bin ein Gott der Reben/ Mein süsser Wein Muß auf Gesundheit sein. Durch mich nun soll die Raute leben.
Neptun.	Bin ich dann nicht ein Gott wie du Und eben deines gleichen? Soll ich dir weichen? Ich geb es dir nicht zu?
Bacchus.	Ja du bist ein schöner Gott/ Der du meinen Wein verderbest/ und/ mir zu Spott/ Ihn falsch entfärbest.
Neptun.	Schweig/ oder ich Will meine Fluth auf schwellen/ Damit ich dich Mit meinem Wasser dämpfe/ Dann kämpfe Und schau/ wo dann die Wellen/ Mit deinem Weine bleiben.

Ich

Ich bin es / und nicht du /
Der die Gesundheit an soll fangen.

Bacchus. Stille doch nur dein Verlangen /
Und nim du / du Wasser-Zecher
Für dich den höltzern Becher.
Denn Gold und Wein /
Sind zur Gesundheit mein allein.

Jupiter. Was habt ihr Beyde für?
Soll man bey friedlichen Gedancken
Sich in den Himmel zancken?
Das ist nicht Götter-Art?
Die **Ehrsucht** will ich hier nicht dulden /
Schweig Bacchus du /
Und du / Neptun, mit deinem Prangen!
Ich gebe dieses Keinem zu?
Das Recht / Gesundheit anzufangen /
Gehört für mich.
Gieb her Neptun,
Den goldenen Pocal /
Ich ziere dieses Mahl
Und bitte Fried!
Bey dem solt Ihr beruhn.
Götter machet es wie ich:
Auff Gesundheit aller **Sachßen**
Daß Sie grünen / blüh'n / und wachßen!

Eris. So recht so schmaust sichs wohl /
Wenn man nur sitzt alleine /
Und netzt der Sternen-Pol /
Mit süssem Götter-Weine /

Warumb

Warumb bin ich nicht auch
Zur Mahlzeit eingeladen/
Wie sonsten war der Brauch?
Das soll Euch allen schaden?
Wenn ich die Welt
muß in Unruhe stürtzen
So weiß man fein mein Zelt.
Itzt aber will man mir/
Die Kost nun abekürtzen.
Göttinnen/ Ihr/
Vergleichet Euch zusammen/
Umb diesen Apfel hier.
Denn welche trägt in ihren Flammen/
Der Schönheit aller schönste Schein/
Derselben soll er eigen seyn.

Juno.	Der Apfel ist mein.
Pallas.	Der Apfel ist mein und nicht dein.
Venus.	Keiner kommt der Apfel zu/ Als mir allein.
Juno.	Was vor schönheit hast dann du?
Venus.	Weder Juno, weder Pallas, Vergleichen sich mit mir/ Ich bin des Himmels und der Erden Zier.
Jupiter.	Göttinnen zancket nicht. Gebt mir den Apfel her/

Ein

Ein Hirte soll euch scheiden;
Weil Ihr vielleichte / nach begehr /
Den **Urtheils-Spruch** / von mir /
Nicht würdet leiden.

  Mercur!
Da nim den **Apfel** hin
Und fleuch in jene **Flur** /
Wo des Ida Felsen spitzen
Sehn die göldnen Sternen blitzen;
Da wird der Schäfer Paris seyn /
Dem vermelde meinen Willen:
Er soll den Zanck / der drey Göttinnen / stillen.
Das **Urtheil** / das er fällt /
Soll Jede gehen ein.
Wird aber Er / ein falsches Urthel sprechen /
So wil ich es / als **Ober-Richter** / rächen.

Mercur.   **Vater** / was du / unverholen /
Mir befohlen /
Soll alsbald verrichtet seyn.
Gehabt Euch unterdessen wohl!
Ich lasse nun den Himmels-Pol /
Und nehm dafür die Erden-Felder ein.

Worauff ein Ballet von dem
Ganymede, und 4. Satyren
folget.

Die ander ACTION.

Das Theatrum verändert sich in einen Wald/ und in der mitten der Berg Ida', worauf Paris mit seinen 4. Schäfern sitzet.

Paris 4. Schäfer; Mercurius.
Aria.

Paris.	Aurora du göldene Morgen-Göttinne! Beblüme die Flora daß Zephir gewinne.
Chor der Schäfer.	Damit uns der Früling die Triften beglücke/ Und unsere Freyheit mit Kräntzen sich schmücke.
Paris.	Wir leben vergnüget in unseren Feldern Und bringen ein Opfer den grünenden Wäldern.
Chor.	Wir loben der Freyheit ergebenes Leben Und lassen die Sorgen bey Königen schweben.
Paris.	Die Laster der Städte verachten die Trifften/ Kein Ehrgeitz kan unsere Hürden vergifften.
Chor.	Es schertzen in Unschuld die munteren Heerden/ Daß unsere Freyheit vollkommer kan werden.
Paris.	Last Hoffart sich brüsten/ last Hofe-Neid prange/ Last diesen nach Cronen und Thronen verlangen.
Chor.	Wir bleiben in Demuth/ und loben das Leben/ Das unsere Freyheit uns selbsten kan geben.
Alle.	In Feldern/ da reiffen die Edelsten Sinnen; In Feldern da kan man den Nachruhm gewinnen.

O Frey-

Chor. O Freyheit des Landes! O Hirten und Heerden!
Nichts kan Euch verglichen in dieser Welt werden!

*Mercurius kömmt geflogen / übergiebt dem
Paris den Apfel.*

Mercurius. Entzeuch dich / Paris, nicht /
Und höre den Bericht:
Es hat der Jupiter,
Des Himmels Oberherr /
Zum Richter dich erkohren /
Und weil der Tugend du geschworen /
So sollstu über drey Göttinnen /
Ein rechtes Urtheil fällen;
Ob Juno, Pallas oder Venus
Die aller Schönste sey?
Das Zeichen will ich dir zustellen.
Die diesen Apfel wird gewinnen /
Der will Er auch die Schönheit legen bey.
Nim aber dich in acht:
Ein falscher Urtheils-Spruch
Hat manchen offt in grosses Leid gebracht.

Paris. Ich bin ein Mensch;
Was kan ich thun?
Soll über die Göttinnen
Ich Richter seyn?
Wo nähm ich den Verstand!

Zu dem sind meine Sinnen
gewohnt zu ruhn.
Ich gehe das nicht ein.
Such einen Klügern dir/
Der recht urtheilen kan.

Du eben bist der Mann/
Der dieses soll volbringen.
Achte die Göttinnen nicht:
Wer ein gerechtes Urtheil spricht/
Dem mus es wohl gelingen.
    Fleugt wieder darvon.
        Arie.
Mercur entfernt sich nun;
Ich liebe Redligkeiten/
Die über meine Pflicht/
Zu keinen Zeiten schreiten.
Das zürnen acht ich nicht.

Itzt bin ein Schäfer ich/
Doch auch daher gebohren/
Wo Helden/ ohne scheu/
Die Tugend auserkohren/
Damit ich sicher sey.

Zwar ich will meinen Krantz
Von Lorber mir aufsetzen/
Daß mich kein Donner rühr;
Doch lob ich das ergetzen/
Das ich nun find an mir.

So

So sey es denn gewagt,
Wer/auf Befehl der Götter/
Nach seinen Pflichten thut/
Und achtet keine Spötter/
Der kan sein Wohlgemuth.

Hier tantzt Mercurius

Die dritte ACTION.

Das Theatrum præsentiret einen sehr kostbahren Lust-Garten/ woselbst die drey Göttinnen/ Juno, Venus, und Pallas, und zwar eine iede in ihrer besonderer wohl ausgeputzten Machine, herfürkommen.

Paris, Juno, Pallas Venus.

Paris.
Aria.

Himmel/ dieses ist der Ort/
Da ich soll das Urtheil sprechen/
Und der Schönheit Rose brechen/
Das sie blühe fort und fort.

Gib mir darzu den Verstand;
Denn die Eitelkeit der Sinnen/
Kan allhier sonst nichts gewinnen/
Als was mir beut deine Hand.

Laß mich nach dem Rechte gehn;
Augen/ die sich selber äffen/
Können kaum das Mittel treffen;
Wenn du wilst/ kan ich bestehn.

Unter diesen Blumen hier/
Seh ich zwar die schönsten gläntzen/
Aber der Göttinnen Lentzen/
Gehet weit den Blumen für.

Auff! ich muß doch Richter seyn;
Was ich werde vor mir sehen/

Dem mus auch sein **Recht** geschehen.
Hertze / gieb dich nur darein.

Juno.
Hier ist der Platz /
Da ich der Schönheit Schatz /
Vor mich nur ein soll holen.
Was Jupiter befohlen /
Solst / Edler Paris, du
Nun richten aus.
Sprich mir den **Apfel** zu /
So will ich dich und auch dein Hauß
Mit Reichthum überfüllen.
Ein **Königreich** der Welt
Soll die Belohnung seyn /
Im fall dein **Urtheil** mir zu fält.
Denn meiner **Schönheit** Schein
Wird allen Streit / umb deinen **Apfel** / stillen.

Pallas.
Gib Junen nicht Gehör /
Du Edler Schäffer du!
Daß dich kein Geld bethör /
Und du dadurch dir Schande legest zu;
Der **Apfel** ist für mich /
Und mein Verstand und Witz für dich.

Aria.
So ferne du wirst meine **Schönheit** achten /
Und meine Kunst und Weißheit wohl betrachten /
Ist kein glückseeliger Mensch auf Erden /
Als du / der nur allein /
Durch meiner Schönheit Schein /
Stracks kan zu einem Gotte werden.

| Venus. | Was begehren die Göttinnen?
Paris, bistu kalter Sinnen?
Oder was? was ficht dich an?
Alle sind mir unterthan. |
|---|---|
| Aria. | Juno kan sich gegen mir/
Und die Pallas auch mit Jhr/
Jm geringsten gar nicht rühmen.
Laß sie nur mit Golde trutzen/
Und mit Witz und Klugheit stutzen/
Schönheit die kan mich beblümen.

Schau nur meine Wangen an.
Schau die Wohnstat aller Lüste/
Meine Brüste/
Machen sie mir unterthan/
Oder wilstu meinen Leib
Voller Liebligkeiten sehen?
So soll es alsbald geschehen. |
| Alle Drey. | Jch/ich bin das schönste Weib/
Darumb gib den Apfel mir. |
| Venus. | Jch will mit einer Zier/
Die meines gleichen ist/
Den Zuspruch dir vergelten.
Solt auch der Abgrund drüber schelten. |
| Aria. | Laß gleich Erd/und Himmel toben/
Solstu doch in kurtzer Zeit/
Ehe noch der Winter schneyt/
Bey dem aller schönsten Bilde
Auß dem Grichischen Gefilde/ |

Jn

In den Blumen hier mich loben.
Du solst / als ein Held / hier stehen/
Und mit ihr zu Bette gehen.

Paris.   Ich seh der Schönheit Glantz/
Vor meinen Augen/ scheinen;
Der Apfel soll der Einen;
Welch aber diese sey/
Der / einen Sieges-Krantz/
Ich möge legen bey/
Kan ich / Göttinnen!
Mich noch nicht recht besinnen.
Hier ist der Schönheit Zeichen!

Alle Drey.   Mir solstu es überreichen.
Des Apfels Gold/
Ist meiner Schönheit Sold.

Aria.   Füge dich zu mir/ O Glücke!
Alle Drey.   Und gieb mir die Göldnen Blicke/
Denn ich bin die Schönste hier.
Ich nur kan den Ruhm vertreten.
Paris, sey darumb gebeten/
Und belohne meine Zier.

Paris.   Juno! geh mit deinen Schätzen;
Und auch / Pallas! dein Ergetzen/
Wird mich bewegen nicht.
Ich hege mein Gericht/
Dem Jupiter zu Ehren.
Den Ausspruch soll mir niemand wehren.

D   Venus

Venus! lasse dich hernieder;
Deine Glieder
Müssen heute dich bezieren/
Daß du recht kanst Triumphiren.
Komm/ das Zeichen zu empfangen/
Nach dem du trägst so groß Verlangen.

Aria.
Da nim ihn/ Venus, von mir hin/
Du bist im Himmel und auf Erden/
Die aller schöneste Göttin;
Das Gold des Apfels muß dir werden.

Juno und
Pallas.
Aria.
Donner und Hagel und Blitzen und Flamen/
Ziehet euch/ wieder den Richter/ zusammen!
Schiesset das strahlende Feuer auf ihn!
Räche das Unrecht/ gerechteste Rache;
Selber wir wollen verfolgen die Sache/
Solten wir drüber den Himmel auch fliehn!

Venus.
Aria.
Laß nur die Göttinnen brommen
Und ein Ungewitter kommen/
Meiner Schönheit heller Stern
Soll dich allezeit begleiten/
Daß du mögest stets bestreiten/
Alles Unglück/ nah und fern.

Paris.
Mein Muth soll sich nicht entsetzen;
Lebe du/ mit deinen Schätzen/
Schönste Venus, nur vergnügt.
Wenn du/ wie du mir versprochen/

Mir

                Mir die Myrten abgebrochen/
                So hab ich durch dich gesiegt.

Venus.   Helena soll deine seyn.
                Mache dich nur auf die Fahrt
Paris.   Und du/ nim den Himmel ein/
                Daß ich durch dich sey bewahrt.

Ein Ballet von 4. Nymphen.

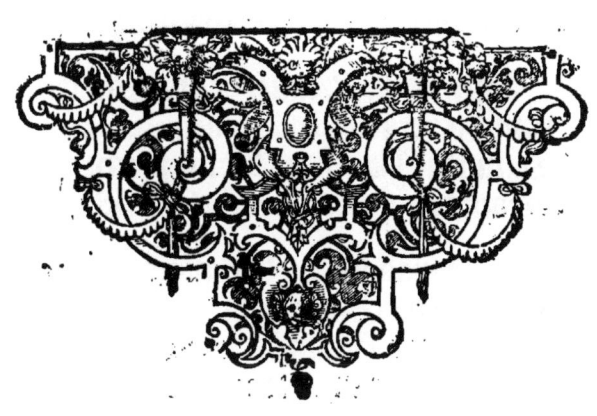

Die vierdte ACTION.

Das Theatrum verändert sich in einen anmutigen Venus-Tempel/ in welchen sich Helena nebenst ihren Damen befindet/ und wird daselbst von dem Paris geraubet und entführet.

Helena, Paris, Venus, in einer Statuä.

Helena.
Aria.

Schöneste Venus du Wunder der Erden/
Mutter der Liebe/ Göttinne der Zier/
Leite mich/ daß ich verliebet mag werden/
Und deinen Tempel verehren alhier.

Laß mich stets/ unter den schattichten Myrthen/
Umb die versilberten Quellen/ hergehn/
Damit die Flammen der muntren Hirten/
Neben den Heerden/ verliebeter stehn!

Alles was lebet/ das machestu rege;
Selbsten die Sternen/ die neigen sich dir.
Wo sich des Himmels vergüldete Pflege/
Blaulich thut/ unter den Wolcken/ herfür.

Du kanst die Steinernen Hertzen verwunden/
Wenn du den Purpur der Wangen läst sehn/
Aber bald werden sie wieder verbunden/
Nur auf dein wincken/ so ist es geschehn.

Nim

Nim hin das Opfer/ von Rosen und Nel-
cken/
Das ich dir/ Schönste der Schönsten/ gebracht!
Lasse mir nur nicht die Schönheit verwelcken/
So hab ich alles/ was frölich mich macht.

Venus in der
Statua.
Du schönstes Bild auf Erden/
Dein bitten ist erhört;
Was du so brünstig hast begehrt/
Das soll dir werden.
Ich will dir/ nicht allein
Der Jugend Schönheit/ mehren/
Sondern auch der Liebe Schein/
Aus den Augen lassen flimmern/
Daß/ für allen Frauenzimmern/
Du den Vorzug solst behalten;
Nicht ein eintziges Veralten
Soll dir deinen Leib versehren.

Helena.
Aria.
Habe danck/ O Königin!
Die du deinen Tempel schmückest/
Und die Hertzen da entzückest/
Wo man findet den Gewin.

Zephir müsse dir dein Haar
Zieren stets mit Rosen-Krantzen/
Daß dir allezeit im Lentzen/
Rauche Feuer und Altar.

Venus in der
Statua.
Gib/ Helena, zu frieden dich!
Ich will dich/ neben reichen Schätzen/

In

In eine solche Liebe setzen/
Die selbsten Ich/
(Wär ich nicht Götter-Art)
Vor mich/ und nicht vor andre/ wolte suchen;
Laß deinen alten Ehmann fluchen.
Ein junger tapfrer Held/
Der deinen Sachen/
Kan ein vergnügt Belieben machen/
Ist schon von mir/
Du allerschönste Zier!
Auf deinen Leib bestelt.

Helena.
Aria.
 Himmel! gib hierzu Gedeyen/
Daß ich mich mög endlich freuen/
Und dein neuen Myrten Schein/
Bald auf meinen Haaren tragen!
Auf! mein Glück! ich will es wagen;
Liebe muß belohnet seyn.

Hier wird Helena geraubet.

Zweene Cupidines machen ein Ballet.

Die

Die fünfte ACTION.

Das Theatrum præsentiret Felsen / Lufft / und Meer/ auf welchen Venus in einer Muschel gefahren kömt.

Venus alleine.

Venus.
Was kan der Neid nicht thun?
Die Juno macht im Himmel
Ein schreckliches Getümmel /
Und Pallas kan nicht ruhn.
Ich weis es schon.
Es wird ein Wetter sich auf thürmen/
Und auf den Paris stürmen/
Damit er seinen Raub/
Die Helena, nicht soll davon/
Und heim / nach Troja, bringen.
Mein grünes Myrten-Laub/
Wird aber kräfftig seyn/
Daß/ mitten auf der grünen See/
Er/ ohne Schaden/ fürter geh/
Und drauf/ durch meines Sternes Schein/
Ein Sieges-Lied kan singen.

Arie.
Menelaus fänget an/
Meinen Paris nach zu eilen;
Pallas suchet auch die Bahn/
Mit der Juno Donner-Keilen;
Doch soll ihn der Sturm der Wellen/
Und der Waffen Blitz/ nicht fällen.

Wenn das Feuer seinen Knall/
Wird auf seine Segel sprützen/
So will ich/ vor allem Fall/
Jhn und Helenen, beschützen;
Muß er gleich im Streite stehen.
Soll er doch auf Rosen gehen.

Das Wetter ist nicht fern/
Doch wird mein Stern/
So bald er in die Höhe steiget/
Es stracks/ durch seinen Glantz/
Und durch den Westen-Wind/ vertreiben.
Des Amors Rosen-Krantz/
Hat stetig sich also erzeiget/
Daß/ wer sich von ihm ein läst schreiben/
Derselbige muß siegen/
Und niemahls unterliegen.

Arie.   Zürnt nun Göttinnen!
Fluch Pallas, fluch June!
Jch muß gewinnen/
Der Schönheit Fortune,
Die euch auf Erden verdrossen so sehr/
Fraget nach eueren Dräuen nicht mehr.

Wer sich sieht neiden/
Bey glücklicher Jugend/
Der kan sich kleiden/
In göldne Tugend.
Was ihm der Himmel von oben verspricht/
Das kan die Mißgunst vergällen ihm nicht.

Wor-

Wornach der Schiffs-Streit/ mit Lösung der Canonen, zwischen dem Menelao und Paride erfolget/ da dann/ in solcher See-Schlacht/ des Menelai Haupt-Schiff in Brand geräth/ und drüber zu sincken beginnet.

Ein Ballet von 6. Soldaten.

Die sechste ACTION.

Das Theatrum verwandelt sich in eine durchsichtige Galeri.

Helena, Paris, Cupido.

Helena.
Jch bin nun hier/
Und muß mein Königreich verlassen/
Jch muß die Zier
Der Schönheit/ an mir/ gäntzlich hassen.
Die Freyheit/ die ich vor gehabt/
Und mich so reichlich hat begabt/
Die muß ich nun/ als ein gefangnes Weib/
Darzu auch meinen schönen Leib/
Hin auf das Glücke stellen.
O Venus! daß du mich
Dadurch hast wollen fällen!
Wer wird sich nun zu mir gesellen?
Durch Wind und Wellen/
Ach! bin ich
Hieher gebracht;
O Jammer! Angst! und Noth!
Jch bin bereit schon tod;
Der Tag wird mir zur finstern Nacht.

Aria.
Hilff Venus! meinen Thränen/
Die ich dir opfre hier;
Durch die will ich versöhnen/
Was etwan mangelt dir.

Was

Paris. Was quälen dich vor Sorgen/
Du schönste Helena?
Bestehn sie denn bey dir
Von Abend bis an Morgen?
Soll für und für
Der Farben frische Zier
Nicht so verliebt sich finden da?

Helena. Ich habe schlechte Lust alhier;
Seit daß ich/ aus dem Frieden
Der Liebe bin gesetzt/
Hab ich die Augen stets genetzt/
Ach! Unglück! daß mein Reich
Von mir hat abgeschieden.

Paris. Gilt dir es denn nicht gleich/
Ein Kleines zu verlassen/
Und drauf dafür
Ein grössers anzufassen?

Helena. Die Liebe mangelt mir;
Ich muß dich/ Edler Paris, hassen/
Von wegen deiner That/
Die alles mich beraubet hat.

Paris. Und woltestu/ du schönes Bild/
Mich deiner gar nicht würdig schätzen?
Ich will mich stets an dir ergetzen.
Mein Scepter/ meine Kronen/
Sollen deinen süssen Kuß/
Dir hier mehr/ als dort/ belohnen.

Helena. Du wirst wohl meinen Schluß
Nicht können hintertreiben/

	Geh sonst wohin/
	Dich zubewiben;
	Mein unerkanter Sinn
	Ist Felsen-Art.
	Was spräch darzu die gantze Welt/
	Wenn sich ein Junger Held/
	Mit einer Ehfrau paart?

Paris. Die Venus will es so/
Sie hat dich mir versprochen/
Und selbst die Bahn gezeigt/
Daß ich durch dich einst würde froh.

Helena. Ist Venus dir also geneigt?
So mag sie dir ein Bild erfreyen;
Ich werde deinen schönen Mayen/
Mit meinem Rosen gar nicht schmücken.

Paris. Labe mich/mit deinen Blicken/
Und verkürtze mir die Pein.

Helena. Kähm auch Amor, mit den Pfeilen/
Soll er mich nicht übereilen;
Dißmahl kan es gar nicht seyn.

Cupido. Wilstu meine Mutter trutzen/
Arie. Und in solcher Schönheit stutzen?
Helena! sey nun verliebt.
Deiner Jugend edlen Gaben/
Und dein Hertz/ soll Paris haben/
Der sich so umb dich betrübt.

Helena. Ach! Paris ach! ich bin verwundt!
Kom/beut mir deinen Mund;

Du solst mein Schatz allein/
Ich wil die Deine seyn.

Beyde. Zunder der Liebe/versüssete Flammen/
Füget die Hertzen/durch Hertzen/zusammen!
Venus, läst unsere Schönheit nicht alten/
Was sie versprochen/das hat sie gehalten.

Ein Ballet von 4. Laqveyen.

Die siebende ACTION.

Das Theatrum ist ein wohlgezierter Königlicher Saal/ benebenst einem Königlichen Throne/ worbey die Königlichen Musici, Trompeter/ und Paucker/ auff ihren Gallerien, gesehen werden.

Priamus, Cupido.

Cupido.
    Ich bin der Venus Sohn/
    Mein Werck ist nun volbracht/
    Daß Paris seinen Lohn/
    Den ich ihm habe zugedacht/
    Nun völlig überkommen.
    Die Helena brennt Liechter-Loh/
    Von lauter Liebes-Flammen;
    Und ich bin drüber froh.
    Sie sind nunmehr beysammen;
    Sie haben ja
    Einander schon genommen;
    Mein göldner Pfeil/
    Der traff die Helena,
    Daher wurd ihr in Eyl/
    Das Hertze voller Feuer;
    Sie hielte zwar die Schönheit theuer.

Aria.
    Aber wenn Cupido trifft/
    Darff man sich nicht wiedersetzen/
    Will man anders nicht/ mit Gifft/
    Ihm das Hertze selbst verletzen.

Was wil die Juno nun
Und Pallas darzu sagen?
Wer wil sie darum fragen?
Sie mögen thun ihr alles Thun.
Die Venus hat des Apfels Schein;
So lebt der Paris auch vergnügt/
Weil sie allein
Hat allen Beyden obgesiegt.
Und wollen sie/
Gantz Troja gleich bestreiten?
So bleibt doch spath und früh/
Mars auf der Mutter Seiten.
Und ob schon Griechen-Land auffsteht/
Und mit viel tausend Seegeln kriegt/
So hat die Venus doch gesiegt.
Sie ist mir ja bekandt;
Sie hat bereit die Oberhand.
Es geh auch/ wie es geht!
Mein Pfeil und ihrer Augen Licht/
Hält iederman in meiner Pflicht.

Aria.

Laß die tollen Griechen toben;
Troja liegt in ihrer Schoß.
Stritten auch die Götter oben/
So giebt sie sich doch nicht bloß;
Meiner Mutter Rosen-Wangen/
Nehmen alles ihr gefangen.
Und wer wird der Liebe sich
Die sie stifftet wiedersetzen/
Ich will ihre That ergetzen?
Ich/ ihr kleiner Wüterich.

Nun nehm ich alles wohl in acht/
Daß ich/ ihr Kind/
Durch Sie/ erweise meine Macht.
Sie gehet nun geschwind
Ins Haus der Ewigkeit;
Ich nur warte hier der Zeit/
Daß sich Paris, und die Seinen/
Stets/ mit ihr/ und mir/ vereinen.

Aria.   Venus, die die Hertzen zwingt/
Herscht in Himmel und auf Erden;
Wenn der Frühling sich verjüngt/
Muß ihr alles dienstbar werden.

Selbst die Götter/ in gemein/
Fallen endlich vor ihr nieder;
Nichts kan ihr entgegen seyn;
Sie erstattet alles wieder.

Jetzund hat es sich erweist/
Daß Sie nun kan Triumphiren,
Und so manchen Helden-Geist/
Mit dem Myrten-Krantze zieren.

Paris hat der Liebe Pfand
Nun in seinen Arm geschlossen.
Und das that nur ihre Hand/
Daß Er ihrer Gunst genossen.

Wer der Liebe sich ergiebt/
Streut ihr Rosen in die Haare/
Dann so bleibet Er verliebt/
Lebt Er gleich auch tausend Jahre.

So

So bald als die Trompeter und Paucker zu blasen / und zu schlagen anfangen / repræsentiren sich:

1.

Zwo Compagnien von den Königlichen Guardien.

2.

Der Königliche Marschalck.

3.

Die Cavalleri.

4.

Der König.

5.

Hinter Ihn / Paris und Helena.

6.

Die Dames.

7.

Die Pagen.

8.

Die Laqveien.

Hierauf setzet sich König Priamus auf den Thron/ Paris, und Helena aber zu seinen Füssen.

Priamus.

Mein Reich stehet nun in Ruh.
Die göldnen Königs-Kronen/
Und meine hohen Thronen/
Die wenden mir nur lauter Glücke zu.
Ich seh/ die Unterthanen/
Im vollen Flore blühen.
Die Eintracht steckt die Fahnen
Umb meine Gräntzen her/
Daß mich kein Feind kan überziehen.
Mein Hector, der ist der/
Der mit der kühnen Ritter-Hand/
Beschützen kan das Vaterland.
Weil meine funftzig Söhne tauern/
So hab ich Vestung/ Wall und Mauern/
Die gar nicht zu gewinnen seyn.
Ich bin / in Asien Monarch, allein.
Mein Phrygien
Hat zwar/ durch der Waffen rauchen/
Eine Göttligkeit zu brauchen/
Die nicht von mir und Troja weg wird gehn.
So ist bey mir/ der Venus Stern/
Aufgegangen/
Wer nicht Schläge will empfangen.
Der bleibe nun von fern.

Aria.

Paris soll nun seyn getrauet/
Mit der schönsten Helena,

Ob auf sie der Grieche schauet/
So steht er mir noch nicht da;
Denn das Heyrath-Fest wird binden
Alle/ die sich bey mir finden.

Jtzt will ich des Reiches-Seulen
Ein Ballet noch stellen an.
Wer sich etwas wird verweilen/
Der sey von mir ausgethan.
Darumb tantzet mir zu Ehren/
Daß sich Lust mit Lust kan mehren.

Dis wird meiner alten Seelen
Noch die letzte Freude seyn/
Weil ich endlich zum Vermählen
Nun mein Ja-Wort gebe drein;
Denn/ vertraute Hertzens-Ammen
Hegen keine Landes-Flammen.

Wornach 4. Cavallieri und Dames auftreten/ und
tantzen das
Haupt-Ballet.

Zum Beschluß.

Præsentiret das Theatrum den gantzen Berg Parnassum, worauf Apollo mit seinen neun Musen sitzet/ und unterandern dem Rauten-Stamme die Früchte des Friedens wünschet/ und wird hernach bey gethanen Glückwunsch durch die Trompeten/ Paucken/ Canonen und Saluen, Musicalischer weise/ mit einem Vivat! das Ende gemacht.

Apollo.

Hier ist das Land/
In dem die Rauten-Blätter
Gebothen euch die Hand.
Mein Lorber ist nicht mehr
In seiner alten Würde/
Weil sie/ die Sachßen/ meine Bürde/
Als über Jrdne-Götter/
Durch ihrer Helden Tugend-Heer/
Zu Nutze mir getragen.
Was kan ich itzt nun klagen?
Ich lebe hier in stoltzer Ruh/
Und seh den fernen Kriegen zu.
Ihr Musen, meine Kinder!
Stimt an ein Lied/
Und gebet zuverstehn/
Daß es uns hier noch wohl wird gehn/
Die Raute grünt/

Und

   Und wir/ durch sie/ nicht minder.
   So sey sie dann bedient.
    Wo die Wissenschafften blühen/
   Und die Eintrach Meister spielt/
   Da muß Eris förder ziehen/
   Wenn sie auf ein Unglück zielt.

Chor.   Pæan! Pæan! Glück/ der Raufen!
    Glück/ der Himmels Anvertrauten!

Apollo. Ich seh die Lorber-Reiser/
   Wie der sieghafte Käyser/
   Hier umb der Elben-Strand/
   Die Raute damit kan verehren.
   Diß Friedens-Band
   Wird weder Neid noch Zeit verzehren.
   Hier soll hinfort mein Vaterland/
   Und mein Parnassus seyn;
   Da will ich meinen göldnen Schein
   Stets erwärmen lassen.
   Die Schwerdter/ die die Zwietracht hassen/
   Die sollen schützen mich/
   Dieweil das alte Helden-Blut/
   Und Dessen noch behertzter Muth
   Wird allezeit fort pflantzen sich.

Chor.   Pæan! Pæan! Glück der Raufen!
    Glück/ der Himmels Anvertrauten!

Apollo. Mars mag seine Trommel rühren/
Aria. Ich will mich mit Raute zieren;

Denn der unvergiffte Krantz/
Kan mir meine Freyheit geben/
Daß ich mög in Frieden leben/
Und behalten meinen Glantz.

Vivat! Vivat!
JOHANNES GEORGIUS
Secundus. Vivat! Vivat Elector!
Elector Vivat!

ENDE.